D1733958

WILDERER im FINANZSYSTEM

Walter Beckmann

novum ◢ premium

Dieses Buch ist auch als
e-book
erhältlich.

www.novumverlag.com

Bibliografische Information
der Deutschen Nationalbibliothek:

Die Deutsche Nationalbibliothek
verzeichnet diese Publikation in
der Deutschen Nationalbibliografie.
Detaillierte bibliografische Daten
sind im Internet über
http://www.d-nb.de abrufbar.

© 2015 novum Verlag

ISBN 978-3-903067-29-5
Lektorat: Mag. Nicole Schlaffer
Umschlagfoto:
Nikita Buida | Dreamstime.com
Umschlaggestaltung, Layout & Satz:
novum Verlag

Gedruckt in der Europäischen Union
auf umweltfreundlichem, chlor- und
säurefrei gebleichtem Papier.

www.novumverlag.com

Vorwort

Mit dieser Broschüre soll in knapper und verständlicher Weise gezeigt werden, dass die finanzielle Spekulation mit derivativen Finanzprodukten jeden wirtschaftlich gerechtfertigten Nutzen vermissen lässt. Im Prinzip wird mit den hochriskanten Finanzgeschäften, die in keinem direkten Zusammenhang zur Realwirtschaft stehen, auf unredliche Art Geld erworben. Hinzu kommt die hohe Gefährdung für das gesamte Finanz- und Wirtschaftssystem. Angesichts der nachweislich katastrophalen Auswirkungen ist ihre möglichst weitgehende Verhinderung zwingend und darf nicht weiter hinausgezögert werden. Zumal das weltweite Finanzsystem sich immer noch in weiten Teilen in einem fragilen Zustand befindet.

Walter Beckmann

Verantwortung der Finanzwirtschaft

Die Finanzwirtschaft ist verantwortlich für den Bereich des wirtschaftlichen Tauschmittels, des Geldes in all seinen Funktionen. Zu ihren elementaren Aufgaben gehören die Geldschöpfung, der Zahlungsverkehr (Übertragung von Kaufkraft) und die Kapitalvermittlung (Vermittlung von Kaufkraft für Investitionen). Sie betreut quasi den Lebensnerv der Marktwirtschaft, eines Wirtschaftssystems, bei dem Angebot und Nachfrage von Gütern und Dienstleistungen auf Erwartungen beruhen. Hinzu kommt, dass das Geld heute keinen stofflichen Eigenwert mehr besitzt, sondern praktisch nur noch durch die Kreditgewährung der Banken entsteht und sein Wert lediglich im Vertrauen auf seine allgemeine Akzeptanz im Finanzverkehr beruht. Die Banken müssen deshalb darauf achten, dass bei der Kreditgewährung ein Zusammenhang mit realwirtschaftlichen Leistungen besteht. Das gilt auch für Investitionen anderer Finanzdienstleister. Schließlich wird der Wert des Geldes, die Kaufkraft, am Preis realwirtschaftlicher Güter und Dienstleistungen gemessen. Die verantwortlichen Akteure im Finanzsystem tragen demzufolge nicht nur Verantwortung für ihr eigenes Unternehmen, sondern auch für die gesamte Wirtschaft.

Grenzen der Spekulation

In einem Wirtschaftssystem, in dem die grundlegenden Aktivitäten auf Erwartungen beruhen, ist natürlich jede unternehmerische Tätigkeit mit dem Risiko der Nichterfüllung der ihr zugrundeliegenden Annahmen verbunden und somit spekulativ. Bedingung ist jedoch, dass sie, wie erwähnt, realwirtschaftlich begründet ist.

Probleme stellen sich in dieser Hinsicht in erster Linie in der Finanzwirtschaft. Die Handelbarkeit von wirtschaftlichen Rechten durch ihre Verbriefung, wie beispielsweise der Eigentumsrechte bei der Aktiengesellschaft unter Ausschluss der persönlichen Haftung, ermöglicht es, von Wertschwankungen zu profitieren, ohne dass ein realwirtschaftlicher Nutzen entsteht. Im Gegenteil, sogar erheblicher Schaden für die Wirtschaft kann die Folge sein. Durch den Kauf und Verkauf von Aktien an der Börse zur Gewinnerzielung aus Kursschwankungen fließt der Wirtschaft kein Kapital zu. Es erfolgt lediglich eine Umverteilung von Vermögenswerten vom Verluste erleidenden zum sich erfolgreich schlagenden Spekulanten. Die rein finanzielle Spekulation kann sich nur in sehr beschränktem Rahmen wirtschaftlich positiv auswirken, indem sie Kapitalaufnahmen an der Börse bei steigenden Kursen erleichtert. Diese müssen dann aber auch angemessen ertragreich in der Realwirtschaft Verwendung finden können, um ökonomisch von Nutzen zu sein.

Schädlich kann die Spekulation im Finanzbereich für die Wirtschaft werden, weil sie die Kurs- und Preisbildung an den Märkten verfälscht. Durch die spekulative Veränderung von Angebot und Nachfrage entsprechen diese nicht mehr den realwirtschaftlichen Bedürfnissen nach Gütern und Dienstleistungen, auch nicht unbedingt zu erwartenden Veränderungen derselben. Diese geben zwar Anlass zur Spekulation, in concreto der Möglichkeit, Kaufkraft in Form des Geldes zu erwerben, ohne eine realwirtschaftliche Leistung erbringen zu müssen. Je mehr davon Gebrauch gemacht wird, umso größer der Einfluss auf die Preis- und Kursentwicklung und die Möglichkeit, daraus Kapital zu schlagen, desto größer wird auch der Anreiz, sich daran zu beteiligen. Die Spekulation wirkt sich somit selbstverstärkend aus. Mit andern Worten „La hausse amène la hausse". Im Extremfall kommt es so weit, bis auch der letzte an rein finanziellem Erfolg interessierte Kapitalanleger befürchtet, eine Chance zu vergeben. Die Spekulation führt generell und tendenziell steigend zur Verfälschung der Märkte durch die Übersteigerung der Wertschwankungen realwirtschaftlicher Leistungen – je größer die Beteiligung, desto mehr. Das Schadenspotential der Spekulation hängt demnach von ihrem Ausmaß und ihrer Intensität ab. Als Folge eines übersteigerten Gewinnstrebens hat sie in den vergangenen Jahrzehnten immer mehr gewerbsmäßige Formen angenommen und sich zu einem Erwerbszweig entwickelt, an dem nicht nur in erster Linie Banken, sondern vielfach auch andere Finanzdienstleister beteiligt sind.

Verfehlte Liberalisierung

Einen Quantensprung nahm die Entwicklung der Spekulation seit Mitte der 80er-Jahre des vergangenen Jahrhunderts mit der Deregulierung des Finanzsystems im Sinne der möglichst uneingeschränkten Liberalisierung der Wirtschaft und der Erhebung der Aktionärsinteressen zum unternehmerischen Leitmotiv: propagiert unter dem Begriff „Shareholder value". Zur Gewinnsteigerung und Erhöhung der Rendite (Gewinn im Verhältnis zum Eigenkapital) auf ein mit seriösen Finanzgeschäften nie zu erreichendes Niveau, wurden die seinerzeit als Folge des Börsenkrachs von 1929 zur Sicherung des Finanzsystems ergriffenen Maßnahmen weitgehend abgebaut oder gelockert. Die vorgeschriebenen Eigenmittel wurden generell so stark reduziert, dass sie ihre Bedeutung als Sicherheitsfaktor praktisch verloren. Zudem wurde es den Banken überlassen, das Ausmaß der Absicherung hochriskanter Finanzgeschäfte selbst zu bestimmen. Ferner wurde in Amerika den Kreditinstituten mit der Aufhebung des Glass-Steagall-Acts, die seit der „Great Depression" verboten gewesene Spekulation wieder erlaubt. Aus Renditegründen wurden auch Reserven durch den Rückkauf eigener Aktien aufgelöst. Zudem wurde in der Bewertung der Bilanzpositionen der Banken auf die labilen Börsenkurse abgestellt und so die Ausschüttung nicht realisierter Gewinne ermöglicht.

Der Abbau wirksamer Schranken hat der ungehemmten Spekulation Tür und Tor geöffnet. Er ermöglichte den uneingeschränkten Gebrauch von neuen oder bisher verbotener oder aus Sicherheitsgründen weitgehend gemiedener Finanzinstrumente, wie Derivate, strukturierte Produkte und Hedgefonds.

Mit den Derivaten wurde der Grundstein für die Finanzkrise gelegt

Sie sind Bestandteil einer regelrechten Spekulationsmaschinerie mit eigenen Märkten. Mit ihnen werden spekulative Finanzgeschäfte, wie beispielsweise der Kauf von Aktien, Obligationen, Rohstoffen oder Devisen auf Termin durch ihre Verbriefung handelbar gemacht. Sie ermöglichen so die Spekulation ohne effektiven Erwerb des Spekulationsobjekts. Ein Spekulant, der zum Beispiel von einer Aktienhausse durch den Kauf eines Titels auf Termin zum aktuellen Kurs profitieren will, muss jetzt die Aktie nicht mehr selbst erwerben und wieder veräußern, um am vereinbarten Termin aus einer inzwischen eingetretenen Kurssteigerung einen Gewinn zu schlagen. Er kann einfach sein Derivat verkaufen. Bei Rohstoffkäufen auf Termin zum Beispiel erspart er sich dabei eine komplizierte Geschäftsabwicklung oder gar die vorübergehende Lagerhaltung. Wenn er den Eindruck erhält, dass sich seine Erwartungen nicht erfüllen, kann er es schon früher abstoßen. Möglich wird das Termingeschäft ohne effektiven Erwerb und Verkauf des Spekulationsobjekts durch den ständigen Handel der Derivate an der Börse. Die Emittenten, die ihre Derivate am Verfalltag zum Verkaufskurs übernehmen müssen, versuchen dann ein neues Termingeschäft zum Beispiel mit einem Kunden, der bereit ist, auf Basis des geltenden Kurses zu spekulieren, weil er annimmt, dass die Kurse noch weiter steigen. So wird es möglich, dass der erste Spekulant seinen Kursgewinn realisieren kann, ohne dass eine aufwendige Handänderung des Spekulationsobjektes nötig wird, und auch der Händler auf seine Rechnung kommt. Das Geschäft macht dieser mit den Gebühren.

Für die Kaufkraftabschöpfung, losgelöst von realwirtschaftlichen Transaktionen, dienen insbesondere sogenannte Futures-Märkte. An diesen bieten spezielle, als Market-Maker bezeichnete Händler Derivate mit einem Termingeschäft (Futures) an, bei dem ein Käufer für das Spekulationsobjekt zum vereinbarten Preis am Stichtag garantiert wird. Um sie besser handelbar zu machen, werden sie so weit wie möglich in Bezug auf die wichtigsten Konditionen standardisiert. Im Wissen, dass das Future jederzeit verkauft werden kann, besteht natürlich ein starker Anreiz für die Spekulation, zumal für den Kauf kein Kapital erforderlich ist. Gefährlich wird's erst, wenn keine Käufer mehr für neue Geschäfte zu finden sind, weil sich Erwartungen nicht erfüllen.

Mit der Lösung von den zugrundeliegenden realwirtschaftlichen Angebots- und Nachfrageveränderungen verlieren die spekulativen Finanzgeschäfte jegliche wirtschaftliche Berechtigung und werden zum gefährlichen Geldspiel. Händler wie der UBS-Investmentbanker Kweku Adoboli betrachteten sich nicht zu Unrecht selbst als „Geldmaschine".

Die Aussicht auf abnorme Gewinne verleitete weltweit in der Finanzindustrie zur hochriskanten Spekulation mit Derivaten. Mit ihnen entstand so die Basis für die schlimmste Finanz- und Wirtschaftskrise.

Entgegen weitverbreiteter Meinung lässt sich den derivativen Finanzprodukten kein wirtschaftlicher Nutzen zusprechen. Die Realwirtschaft ist in keiner Weise auf sie angewiesen. Für die Kurs- und Preisabsicherung ist die Verbriefung eines Termingeschäfts nicht erforderlich, wenn dieses dem effektiven Erwerb eines Wertpapiers, eines Rohstoffs oder einer Fremdwährung dient. Es wird dabei ja auch kein spekulativer Gewinn angestrebt. Nötig geworden ist die terminliche Kursabsicherung in jüngster Zeit vor allem durch die von den Spekulanten erzeugten Preis- und Kursausschläge. Diese können somit doppelt daran verdienen, und die Belastung für die übrige Wirtschaft wird umso größer.

Das Gute macht das Schlechte nicht besser

Im Drang, möglichst weite Kreise für die Spekulation zu gewinnen, vor allem auch konservative und weniger risikofreudige Anleger wurden sogenannte strukturierte Produkte geschaffen. In diesen werden unterschiedliche Risiken miteinander verknüpft, um mit vermeintlich erhöhter Sicherheit auch von gefährlichen, einen höheren Ertrag abwerfenden Risiken profitieren zu können. Ein Beispiel dafür sind Anleihen, die zur Finanzierung von Hypotheken unterschiedlichster Qualität dienen, wie sie in Amerika in großem Stil Anwendung fanden. Mit diesen sollten einerseits aufgrund von hoch verzinsten Hypotheken schlechter Bonität, den bereits erwähnten Subprime-Hypotheken, höhere Erträge erzielt werden und andererseits das Risiko durch die höhere Bonität niedrig verzinster Hypotheken vermindert werden. Zur Erhöhung der Kreditwürdigkeit wurde in der Regel zudem eine Kreditversicherung abgeschlossen. Dieses strukturierte Finanzprodukt konnte so bei Anlegern, insbesondere Versicherungsgesellschaften und Pensionskassen, enorm Anklang finden, nicht nur in den USA, sondern weit darüber hinaus. Nicht zuletzt, weil es auch von den Rating-Agenturen hoch bewertet wurde. Seine Sicherheit erwies sich jedoch trotz allem als trügerisch. Mit der Zeit wurde es immer argloser angewandt und auf die Bonität der Hypothekarschuldner immer weniger geachtet. Für die Werterhaltung verließ man sich vorwiegend auf die steigende Nachfrage. Durch die leichtsinnige Kreditvergabe entstand ein enormer Bauboom, dem jedoch keine finanziell tragbare Nachfrage zugrunde lag. Als es sich dann zeigte, dass viele Schuldner ihren Verpflichtungen nicht nachkommen konnten, ging das Vertrauen nicht nur in die auf faulen Hypotheken basierenden Anleihen, sondern allgemein in spekulative Finanzprodukte verloren und führte in die jüngste globale Finanzkrise. In den USA verloren in der Folge massenweise Hausbesitzer ihre Wohnung. Das Verhältnis der guten zu den schlechten Schuldanteilen in den herausgegebenen strukturierten Produkten, ließ sich vielleicht von den Rating-Agenturen elektronisch in größerem Umfang berechnen, nicht aber der panikartige Vertrauensschwund. Reichlich Anwendung fanden strukturierte Produkte auch in anderer Zusammensetzung, z. B. als Anleihe basierend auf Konsumschulden und auf als mündelsicher geltenden Schuldverpflichtungen. Den Möglichkeiten für solche Zwitterprodukte sind natürlich keine Grenzen gesetzt. Auch weil die Bonität der einzelnen Schuldner praktisch unüberprüfbar ist, erweist es sich als ein wenig vertrauenswürdiges Anlagevehikel.

Freie Hand für die Spekulation mit Hedgefonds

Mit Hedgefonds lässt sich am skrupellosesten spekulieren. Sie erlauben völlig marktwidriges Verhalten und sind entsprechend abträglich für die Wirtschaft. Ursprünglich waren sie vor allem zur Sicherung von Kapitalanlagen durch Diversifizierung des Risikos gedacht, daher der Name (zu Deutsch Hecke) im Sinne von Schutz. Heute sind sie jedoch überwiegend ein Finanzinstrument zur Erzielung höchstmöglicher Gewinne, bar jeder wirtschaftlichen Berechtigung und unter Missachtung gewichtiger marktwirtschaftlicher Prinzipien. Im Unterschied zu den traditionellen Anlagefonds, mit denen versucht wird, aus den sich am Markt aus den realwirtschaftlichen Nachfrage- und Angebotsveränderungen ergebenden Preis- und Kursbewegungen Gewinn zu schlagen, dienen die Hedgefonds dazu, das Marktgeschehen in hohem Maße willkürlich, z. B. mit Derivaten, im eigenen Interesse zu beeinflussen. Dies ungeachtet, dass dabei schwerwiegend gegen die Grundregel des Marktes verstoßen wird, der zufolge die Preis- und Kursentwicklung möglichst ohne einseitige Beeinflussung erfolgen muss. Sie werden deshalb auch Alternative oder Aktive Fonds genannt. Gleichgültig unter welchem Namen sie segeln, mit diesen Fonds können die Märkte ihre Funktion, die sachgerechte Bewertung von realwirtschaftlichen Gütern und Dienstleistungen, in keiner Weise mehr richtig erfüllen. Bekanntestes Beispiel von eigennützigem Missbrauch der Marktmacht ist die vom bekannten Spekulanten George Soros mit einem seiner Fonds erzwungenen Pfundabwertung zu Anfang der 90er-Jahre des vergangenen Jahrhunderts. Durch die Erzeugung von anhaltendem Druck auf die britische Währung mittels Leerverkäufen (Terminverkäufe ohne eigenen Besitz an der Währung), konnte er gleichsam über Nacht zum Milliardär werden. Der Meisterspekulant, der angeblich an der Bezeichnung „Spekulant" keinen Anstoß nimmt, ist auch heute noch sehr erfolgreich tätig, obwohl er die modernen Finanzprodukte selbst als Massenvernichtungsmittel bezeichnet, durch die die Märkte verzerrt werden, wie er kürzlich in der Presse selbst bekannte. Dies scheint ihn anscheinend bei seinen fragwürdigen Finanzgeschäften trotz deren negativen Auswirkungen für die Wirtschaft nicht zu stören. Obwohl er seinen enormen Reichtum großzügig für wohltätige Zwecke verwendet, lassen sich diese rein auf finanziellen Gewinn ausgerichteten Geschäfte volkswirtschaftlich nicht rechtfertigen. Oder hat er sich inzwischen bekehren lassen, wenn er einem Verbot für Credit Default Swaps (verbriefte Kreditausfallversicherung) das Wort redet?

Auch an anderen Märkten, wie den Rohstoffmärkten oder an der Effektenbörse, lässt sich durch die geschickte Anwendung und Kombination der verschiedenen Finanzinstrumente und Anlagestrategien ein Trend der Kurse oder Preise nach oben oder unten entfachen und aus den selbsterzeugten Marktverzerrungen in hohem Maße Gewinn schlagen. Auf diese Weise kann man auch eine Hausse erzeugen, um mit Gewinnen Verluste an anderen Märkten auszugleichen. So geschehen zum Beispiel mit dem Erdölpreis zu Beginn der Finanzkrise, um die Verluste mit Subprime-Hypotheken auszugleichen. Der Erdölpreis schnellte damals unvermittelt in die Höhe, ohne dass nach den Umständen eine Verknappung zu erwarten gewesen wäre. Konjunkturelle Befürchtungen hätten als Folge des angeschlagenen Finanzsystems eher einen Nachfragerückgang vermuten lassen.

So werden auch immer wieder die Nahrungsmittelpreise unter dem Vorwand einer sich irgendwo abzeichnenden Angebotsverknappung hochgeschraubt. Hedgefonds bieten damit Hand zu schwerwiegenden Missbräuchen im Finanzsystem. Gesetzliche Beschränkungen gibt es für sie kaum. Sie ermöglichen vor allem unabhängigen Finanzdienstleistern, die keinen strengen Regeln unterworfen sind, mit wenig Eigenkapital und hohem Risiko zu spekulieren und dabei von hohen Gewinnanteilen und Gebühren zu profitieren. Sollte der Fonds pleitegehen, verlieren die Verantwortlichen lediglich ihren eigenen Einsatz.

Spekulation wird zum wirtschaftlichen Phantom

Durch das ausgeklügelte, vielseitige Instrumentarium und die globale Vernetzung des Finanzsystems konnte die Spekulation in einem bisher nie dagewesenen Ausmaß Überhand nehmen. Dazu beigetragen haben auch die Fortschritte auf elektronischem Gebiet, die eine blitzartige, weltweite Kapitalbeschaffung und Auftragsabwicklung ermöglichen. Je schneller und umfangreicher Kapital beschafft werden kann, desto größer die Gewinnmöglichkeiten, umso gravierender jedoch auch die Verfälschung der Kurs- und Preisentwicklung an den Märkten. Nicht zu vernachlässigen ist zudem der Einfluss der Boni, einer Entlohnungsart, der in der Regel die erzielte Rendite zugrunde liegt. Der Anreiz mit hohem Risiko, d. h. mit möglichst wenig Eigenkapital zu spekulieren, wird damit noch erhöht. Vielfach erfolgt die Vergütung in Form eigener Aktien. Durch die Hoffnung auf künftig hohe Dividendenerträge wird das fahrlässige Gewinnstreben noch zusätzlich angeheizt. Prinzipiell sollten Aktien ohnehin nicht für die Honorierung erbrachter Leistungen ausgegeben werden, sondern nur für die Finanzierung betrieblicher Investitionen, die die realwirtschaftlichen Ertragsmöglichkeiten erhöhen. Auch bar vergütete Boni sind ökonomisch nur gerechtfertigt, wenn sie zur Honorierung von realwirtschaftlich erarbeiteten Gewinnen gewährt werden. Andernfalls verstoßen sie gegen das wirtschaftliche Leistungsprinzip. Auftrieb erhielt das spekulative Finanzgeschäft auch durch den Umstand, dass die Ratingagenturen außerstande waren, die gefährlichen Finanzinstrumente richtig einzuschätzen und zu völlig falschen, d. h. viel zu positiven Bewertungen kamen, auf die sich auch die Kreditversicherungen abstützten. Siehe Beispiel Subprime Hypotheken.

Unter diesen Voraussetzungen entstand in der Finanzwirtschaft global eine wahre Spekulationseuphorie. Die Finanzdienstleister waren ständig auf der Suche nach neuen Spekulationsmöglichkeiten. Das weltweite Finanzgeschäft gereichte immer weniger zum Nutzen der Realwirtschaft. Wer nicht mitmachte, wurde unsanft beiseitegeschoben. Verantwortliche, die sich zu wenig risikofreudig zeigten, wurden ersetzt. International tätige Großbanken maßen sich an den maßlosen, im hochriskanten Spekulationsgeschäft erzielten Renditen. In den USA wurden Brokerfirmen, denen die mit einem hohem Finanzrisiko behafteten Finanzgeschäfte wegen des Spekulationsverbots für Kreditinstitute lange Zeit vorbehalten waren, zu mächtigen einflussreichen Instituten, auch Investmentbanken genannt, und erlangten große Bedeutung, ohne volkswirtschaftlich einen entsprechenden Nutzen zu erbringen. Unter Druck, mit den ihnen anvertrauten Geldern höhere Erträge zu erzielen, gerieten auch Banken, die sich ausschließlich oder vorwiegend dem Kreditgeschäft widmeten. Sie sahen sich deshalb veranlasst oder genötigt, den erweiterten gesetzlichen Freiraum zu nutzen und in das hochriskante spekulative Finanzgeschäft einzusteigen, oft ohne über das erforderliche Fachwissen und die nötige praktische Erfahrung zu verfügen.

Dem Drang nach höheren Gewinnen konnten sich ebenfalls Versicherungsgesellschaften nicht entziehen. Sie scheuten sich kaum mehr, mit ihrem Deckungskapital zu spekulieren. Ebenso glaubten Pensionskassen, ihr Rentenkapital aufs Spiel setzen zu müssen, um die Leistungen für ihre Rentenberechtigten verbessern zu können. Einen erheblichen Anteil am Spekulationsfieber hatten ferner die sogenannten Schattenbanken, unabhängige Finanzdienstleister neben den Banken, Versicherungen und Pensionskassen. Sie sind in ihren Aktivitäten kaum durch gesetzliche Regelungen eingeschränkt. Vor allem bestehen für Schattenbanken keine strengen Eigenkapitalvorschriften.

Kritische Stimmen, die auf die Gefahren der schrankenlosen Spekulation für die Finanzwirtschaft und die Wirtschaft allgemein hinwiesen, wurden geflissentlich überhört, sogar auf höchster Stufe. So wurde den mehrfachen, deutlichen Warnungen des Chefökonomen der Bank für Internationalen Zahlungsaus-

gleich, William White, von den Leitern der wichtigsten Notenbanken der Welt keine Beachtung geschenkt. Zumindest dem
Chef der amerikanischen Währungsbehörde der Federal Re-
serve, Alan Greenspan, in dessen Land das Spekulationsfieber
am schlimmsten grassierte, hätten die Ohren klingen müssen.

Der Krug geht zum Brunnen, bis er bricht

Mit der sich immer ungehemmter ausbreitenden Spekulation entstand eine unermessliche Blase realistischerweise unerfüllbarer Erwartungen auf finanziellen Gewinn. Als es sich anhand der ominösen Subprime-Hypotheken zeigte, dass diesen jede solide realwirtschaftliche Grundlage fehlte, kam es zu einem schlagartigen Vertrauensschwund, der das gesamte globale Finanzsystem erschütterte, und ein völliger Zusammenbruch nur durch umfangreiche staatliche Nothilfe verhindert werden konnte. Gefahr drohte vor allem von den Großbanken, den tragenden Säulen des Finanzsystems, die ihre Verluste aus der Spekulation nicht mehr tragen konnten. Bereits der Konkurs einer größeren Investmentbank in den USA hatte sich als systemgefährdend erwiesen. Die Banken, welche die ihnen anvertrauten Gelder nicht in erster Linie in die Erzeugung realwirtschaftlicher Güter und Dienstleistungen investierten, sondern um aus Preis- und Kursschwankungen an der Börse Gewinn zu schlagen, leichtsinnig aufs Spiel setzten, sahen sich plötzlich nicht mehr in der Lage, ihren Verpflichtungen nachzukommen. Auf die Kreditversicherungen, die ihre Verpflichtungen ebenfalls unbedacht eingegangen waren, konnten sie sich nicht verlassen. In der Folge mussten die Kunden der Kreditinstitute um ihre Einlagen fürchten. Es drohte ein Run auf die Banken.

Das Vertrauen ging auch unter den Finanzinstituten verloren. Der Zahlungsverkehr war gefährdet, und die Kreditgewährung sowie die Geldschöpfung für die Wirtschaft liefen ebenfalls Gefahr zu erliegen. Der drohende Schaden für die gesamte Weltwirtschaft war nicht auszudenken. Die politisch Verantwortlichen mussten einschreiten. Das „too big to fail" war nicht mehr nur eine Hypothese, durch die die einschlägigen Banken auch von tieferen Passivzinsen profitieren konnten. Mit den geeigneten Maßnahmen der zuständigen staatlichen Instanzen und der Notenbanken konnte das Schlimmste verhütet werden. Erheblicher Schaden für die Wirtschaft konnte jedoch nicht vermieden werden. Die Konjunktur brach weltweit ein. Die Staaten mussten sich massiv verschulden, einzelne bis an den Rand des Bankrotts. Zudem geriet die zweitbedeutendste Währung der Welt, der Euro, ernsthaft in Gefahr. Die Hauptverantwortlichen für das Desaster, die führenden Köpfe in der Finanzwelt, konnte man praktisch nicht zur Verantwortung ziehen, nicht einmal finanziell, obwohl sie sich zum Teil unermesslich bereichern konnten.

Ständige Beeinträchtigung der Wirtschaft

Der völlige Fehlschlag der Liberalisierung rief natürlich nach einer erneuten, strengen Regulierung der Finanzwirtschaft. Im Vordergrund steht dabei die Verhinderung einer nochmaligen Bankenkrise, bei der die öffentliche Hand zu Hilfe gerufen werden muss. Das „too big to fail" darf nicht nochmals den spekulierenden Bankern den letzten Rest ihres Verantwortungsgefühls nehmen. Bevor man aber über das geeignete Vorgehen entscheidet, sollte man sich, insbesondere auch im Finanzsektor der Wirtschaft, ernsthaft darüber Rechenschaft geben, inwieweit die Spekulation ökonomisch überhaupt gerechtfertigt und tolerierbar ist. Neben der Selbstgefährdung der Finanzindustrie sollte auch über die Beeinträchtigung der übrigen Wirtschaft völlige Klarheit herrschen. Es sei deshalb nochmals in Erinnerung gerufen: Wie der Kurs einer Aktie sich durch die Spekulation stark über den Ertragswert einer Unternehmung erhöhen kann, so kann auch der Preis eines Rohstoffs, Energieträgers oder Nahrungsmittels durch die spekulative Nachfrage weit über das Ausmaß effektiver und realistischerweise zu erwartender Angebots- und Nachfrageveränderungen steigen. Die unangemessene Verteuerung geht zu Lasten der Verarbeiter beziehungsweise der Verbraucher. Grundnahrungsmittel können zum Beispiel durch die Spekulation, wie es sich gezeigt hat, in ärmeren Ländern unerschwinglich werden, verbunden mit der Gefahr von Hungersnöten. Die Produzenten können vielleicht kurzfristig höhere Einnahmen erzielen, müssen aber entsprechende Verluste hinnehmen, wenn die spekulative Nachfrage einbricht. Oft bleiben die Gewinne auch beim Handel hängen. Umgekehrt können sich für Unternehmen auch, durch eine spekulativ übersteigerte Verbilligung ihrer Produkte, Ertragsprobleme ergeben.

Wider der von ihren Verfechtern gern vertretenen Meinung, sind von der Spekulation auch kaum brauchbare Signale für die künftige Entwicklung von Angebot und Nachfrage in der Re-

alwirtschaft möglich, wie immer wieder angeführt wird. Für
die Nahrungsmittelproduzenten kann sich beispielsweise das
Angebots- und Nachfrageverhältnis aufgrund von günstigen
oder ungünstigen Witterungseinflüssen bis zur nächsten Ern-
te wesentlich verändern. Zudem werden voraussichtliche Än-
derungen in den betroffenen Branchen in der Regel ohnehin
bekannt. Die spekulative Überhöhung der Preise oder Tiefer-
bewertung von Produkten wirkt dabei eher verwirrend. Die
Spekulation bringt so nur noch mehr Unsicherheit und Unruhe
ins Wirtschaftsgeschehen. Dass sie nicht unschädlich sein kann,
zeigt sich im Ausmaß, das sie angenommen hat. Die Rohstoff-
derivate übertreffen den effektiv physischen Handel wertmä-
ßig um ein Vielfaches.

Besonders störend kann sie sich auch an den Devisenmärkten auswirken, wo Angebots- und Nachfrageschwankungen nicht nur
in erster Linie rein wirtschaftlich bedingt sind, sondern besonders stark auch durch politische Ereignisse und einseitige wirt-
schaftspolitische Maßnahmen beeinflusst werden. Dies bleibt
in der Regel nicht ohne länderübergreifende Auswirkungen.
Die spekulative Beeinflussung der Wechselkurse ist auch eine
ernstzunehmende Gefahr für die internationalen Wirtschafts-
beziehungen. Wegen der hohen Schwankungsanfälligkeit der
Wechselkurse sind die Währungsmärkte ein besonders beliebter
Tummelplatz für Spekulanten. Wie George Soros gezeigt hat,
ist es ein leichtes, erfolgreich gegen eine Währung zu spekulieren, wenn eine Notenbank nicht über genügend Devisenreser-
ven verfügt, um ihre eigene Währung zu stützen. Nicht um-
sonst haben die Devisenmärkte international den größten Anteil
an den Finanzmärkten. Das Übermaß der Finanzgeschäfte im
Verhältnis zum realwirtschaftlichen Bedarf ist bei ihnen noch
größer als bei den Rohstoffmärkten.

Verwilderung der geschäftlichen Gepflogenheiten

Die maßlose, mit gefährlichen Risiken verbundene Spekulation wirkt sich ferner auf die Geschäftskultur in der Finanzwirtschaft aus. Die hohe Verlustgefahr und der Druck auf das Personal der Finanzinstitute, möglichst hohe Gewinne zu erzielen, verleitet zu Insidergeschäften und zur Manipulation von für die Banken maßgeblichen Referenzgrößen, wie es sich am Beispiel des Liborzinssatzes oder der Referenzkurse für den Devisenmarkt zeigte. Auch das Verantwortungsgefühl gegenüber den Kunden lässt nach. Diese werden leichtfertiger zu riskanten und für sie weitgehend unverständlichen Finanzgeschäften bewogen. Zur Beeinflussung der Preise von Rohstoffen im eigenen Interesse wurden von den Spekulanten auch eigene Lager angelegt, zum Beispiel für Aluminium. Je nachdem wurde dabei das Angebot am Markt zum Nachteil der Verbraucher oder Verarbeiter verknappt, beziehungsweise überhöht. Schlimmstenfalls kommt es auch zur Spekulation gegen eigene Kunden. Wovor sich die einst renommierteste Investmentbank der Welt, Goldman Sachs, nicht scheute. Sie war sich auch nicht zu gut, Griechenland durch die Verschleierung seiner wahren Finanzlage mit dubiosen Finanzgeschäften zum Beitritt zur europäischen Gemeinschaftswährung zu verhelfen. Als sich der drohende Staatsbankrott abzeichnete, hatte sie so auch noch Insidervorteile. Obwohl auch sie in der Krise nur aufgrund von Rettungsmaßnahmen der öffentlichen Hand überleben konnte, hat sie bisher kaum an Macht und Einfluss in Wirtschaft und Politik verloren.

Das von hohem Erfolgsdruck und großer Verlustangst geprägte Arbeitsklima in den das hochriskante Finanzgeschäft praktizierenden Finanzinstituten führt überdies zur fast untragbaren menschlichen Belastung für das Personal. Drogenabhängigkeit ist keine Seltenheit bei den Mitarbeitern. Besonders nachteilig wirkt sich die rein gewinnorientierte Spekulation zudem auf das Lohngefüge in der Wirtschaft aus. Die zumindest kurzfristig hohen Verdienstmöglichkeiten im Investmentbanking bewirken, dass sich insbesondere hochqualifizierte Arbeitskräfte mehr zur Finanzwirtschaft hingezogen fühlen als zu Unternehmen, die sich der Erzeugung realwirtschaftlicher Güter und Dienstleistungen widmen, dem eigentlichen Sinn und Zweck der Wirtschaft.

Dies führt dazu, dass Unternehmen außerhalb des Finanzbereichs das höhere Kader ebenfalls übermäßig entlohnen müssen, ohne dass eine wirtschaftliche Leistungssteigerung zugrunde liegt. Wenn mit bloßen Finanztricks die höchsten Einkommen erzielt werden können, lässt sich schwerlich noch von einer leistungsgerechten Entlohnung reden. Ferner veranlassen die kurzfristigen Gewinnchancen die Banken dazu, ihr Kapital eher in spekulative Finanzgeschäfte zu investieren, als Kredite für die Realwirtschaft zu gewähren. Dies ist insbesondere der Fall, wenn die Notenbanken die Zinsen zur Konjunkturbelebung senken. Die Kreditinstitute unterlaufen damit die geldpolitischen Maßnahmen. Das einseitige Renditedenken führt überdies dazu, dass die Unternehmen aus Ersparnisgründen Massenentlassungen vornehmen und weniger rentable Produktionsbereiche abbauen, auch wenn dies auf Kosten von Leistungen für die Kunden geht und das Angebot allgemein damit verarmt.

Wirtschaftlich nicht zu rechtfertigen

Die noch kaum ausgestandene Finanzkrise mit ihren schädlichen Auswirkungen für die Wirtschaft insgesamt zeigt, dass die schrankenlose Spekulation das ganze Wirtschaftssystem erschüttert und durch sie das Vertrauen in die leistungsgerechte Entlohnung in der Marktwirtschaft völlig verlorengeht. Es ist auch nicht erstaunlich und verwunderlich, dass sich das hochriskante Finanzgeschäft mit Derivaten, strukturierten Produkten und Hedgefonds wirtschaftlich nicht ernsthaft begründen lässt. Obwohl es in Finanzkreisen schwer fällt einzugestehen, kann nicht von der Hand gewiesen werden, dass diese lediglich der Gewinnerzielung dienen – ökonomisch gesehen: dem Erwerb von Kaufkraft, ohne einen Beitrag ans realwirtschaftliche Güter- und Dienstleistungsaufkommen leisten zu müssen. Anders würde das hochriskante, nervenzehrende Spiel mit Kapital überhaupt keinen Sinn machen. Es wird versucht, etwas zu erwerben, worauf man ökonomisch keinen Anspruch hat. Spekulanten werden nicht zu Unrecht als Abzocker bezeichnet. In Anbetracht der fehlenden wirtschaftlichen Legitimität und der Arglosigkeit und Unbedenklichkeit in ihrem Handeln könnte man auch von Kaufkraftdieben oder Wilderern im Finanzsystem sprechen.

Die von der Finanzwirtschaft zur Rechtfertigung der systemwidrigen Finanzinstrumente vorgebrachten Argumente halten sachlicher Kritik nicht stand. Für die Preis- und Kursabsicherung genügen, wie bereits erwähnt, einfache Termingeschäfte, die erst noch bedeutend billiger sind. Genauso wenig lässt sich durch Finanztricks die Ertragssituation für institutionelle Anleger wie Versicherungsgesellschaften und Pensionskassen verbessern, wie immer wieder ins Feld geführt wird. Auch das Deckungskapital dieser Institutionen muss der Realwirtschaft dienlich sein, wenn ein dauerhafter Ertrag erzielt werden soll. Nur wenn gespartes Kapital zur Erzeugung realwirtschaftlicher

Güter und Dienstleistungen in den Wirtschaftskreislauf gelangt, kann es seinen Wert und seine Ertragskraft bewahren. Auf die vor der Krise erzielten maßlosen Gewinne folgten denn auch noch viel größere Verluste. Zurück blieb ein Scherbenhaufen von enormen Vermögenseinbußen und ein kaum zu bewältigender Schuldenberg. Profitiert haben lediglich einige wenige am Desaster Beteiligte, meist Verantwortliche in Führungspositionen, die ihre Schäfchen noch rechtzeitig ins Trockene bringen konnten und kaum persönlich zur Rechenschaft gezogen wurden.

Folgenschwerer Eingriff in die Marktwirtschaft

Leider genügt diese Erfahrung noch nicht, dass sich die Einsicht von der existentiellen Gefahr, die von der uneingeschränkten Spekulation für die Wirtschaft ausgeht, allgemein durchsetzt. Wirksamen Restriktionen wird von der Finanzwirtschaft immer noch hartnäckig entgegengewirkt. Die Banken wehren sich vor allem gegen strengere Eigenmittelvorschriften mit der Begründung, dass damit ihre Ertragsmöglichkeiten eingeschränkt werden und die Kreditgewährung sich verteuert. Bei den Kreditinstituten, die in der Wirtschaft eine tragende Rolle spielen, sollte jedoch die Sicherheit vor den Ertragsambitionen kommen. Zudem begünstigt die erhöhte Sicherheit die Refinanzierung.

Von ihren eifrigen Verfechtern wird die Spekulation auch mit dem Argument verteidigt, dass der Markt die Ursache der Preis- oder Kursschwankungen sei. Bei näherem Hinsehen erweist sich dies allerdings als eine sehr oberflächliche Betrachtungsweise. Am Markt, an dem die Preise und Kurse von Gütern und Geldwerten aufgrund von Angebot und Nachfrage bestimmt werden, verändern sich die Preise und Kurse zwar laufend nach den realwirtschaftlich bedingten Angebots- und Nachfrageveränderungen. Wenn jedoch dabei die Nachfrage fiktiv erhöht wird, um aus Wertsteigerungen Gewinn zu schlagen, kommt es zwangsläufig zu Verzerrungen in der Preisbildung, die je nach Ausmaß für die Wirtschaft sehr gefährlich sein können. Die Spekulation ist unleugbar ein folgenschwerer Eingriff in die Marktwirtschaft. Es ist folglich widersinnig, wenn sich die Akteure für die Rechtfertigung der hohen Verdienstmöglichkeiten auf den Markt berufen, den sie ökonomisch funktionsunfähig machen.

Weiter wird argumentiert, dass mit den Maßnahmen, die gegen die Spekulation ergriffen werden, gegen die Wirtschaftsfreiheit verstoßen wird. Jedoch auch eine möglichst freie Wirtschaft kann nicht ohne gewisse Regeln auskommen. Wie für

Kartelle und Monopole, die die Konkurrenz aushebeln, braucht es für Finanzinstrumente, die eine marktgerechte Finanzierung der Wirtschaft verunmöglichen, wirksame Maßnahmen zu ihrer Verhinderung. Einer strengen Regulierung sollte folglich nichts Ernsthaftes entgegenstehen.

Auch Schattenbanken müssen
an die Kandare genommen werden

Um die durch eine unbedachte Liberalisierung möglich gewordenen Missbräuche im Finanzsystem wirksam zu vereiteln, müssen aber nicht nur die Banken zum Schutze der Kapitalanleger und zur Vermeidung von Bankpleiten, die staatliche Rettungsmaßnahmen nötig machen, strenger reguliert werden. Angesichts des Ausmaßes, das die Spekulation außerhalb der Bankenwelt annehmen konnte, ist auch der Einbezug der übrigen Finanzdienstleister, der Schattenbanken, unabdingbar. Eine umfassende Regulierung ist allerdings mit einem riesigen Kontrollaufwand verbunden und erfordert ein hochqualifiziertes Fachpersonal, das selbst die nötige praktische Erfahrung mit den zum Teil hochkomplizierten Finanzinstrumenten hat, deren Risiko meist nur schwer abzuschätzen ist. Dass die Banken dieses immer noch selbst einschätzen dürfen, stellt die Wirksamkeit der Regulierung ohnehin weitgehend in Frage. Oft sind sie auch selbst nicht in der Lage, die eingegangenen Risiken richtig abzuschätzen oder gehen gefährliche Risiken nur aus Konkurrenzgründen im scharfen Wettbewerb um Kunden ein. Die bisher vorgesehene Erhöhung der Eigenmittel dürfte jedenfalls kaum ausreichen, potentielle Verluste unberechenbaren Ausmaßes aufzufangen.

Hauptverantwortliche müssen persönlich für den Schaden haftbar gemacht werden können

Möglich wird die Spekulation durch die Verbriefung von Verpflichtungen unter Ausschluss der persönlichen Haftung, wie einleitend anhand der Aktiengesellschaft beschrieben. Da der Aktionär als Eigentümer im Konkurs der Gesellschaft nicht persönlich belangt werden kann und die Möglichkeit hat, seine Beteiligung, verbrieft durch die Aktie, jederzeit zu veräußern, ist er in der Lage, aus Wertsteigerungen, z. B. aufgrund günstiger Ertragsaussichten, Gewinn zu schlagen. Dies insbesondere, wenn die Aktie an der Börse gehandelt wird.

Ursprünglich diente die mit der Aktiengesellschaft möglich gewordene Befreiung von der persönlichen Haftung vor allem für Unternehmen, die mit der aufkommenden Industrialisierung einen hohen Kapitalbedarf für die Beschaffung der Produktionsmittel hatten. Sie ist deshalb eine wichtige, für die realwirtschaftliche Entwicklung nicht mehr wegzudenkende Voraussetzung. Sie soll in diesem Rahmen auch nicht beanstandet werden. Ein Börsenkrach konnte bisher in der Regel auch weitgehend verkraftet werden, wenn für die Spekulation der Banken die nötigen Restriktionen galten. Der starke Börseneinbruch von 1987, als in Amerika das Spekulationsverbot für Banken noch in Kraft war, hat sich auf den seinerzeitigen Wirtschaftsaufschwung kaum spürbar ausgewirkt, obwohl der Kurssturz im Ausmaß eher noch gravierender war als der vergangene, und trotz der schon damals aufkommenden Krisenbefürchtungen.

Es darf jedoch nicht möglich sein, dass die Befreiung von der persönlichen Haftpflicht auch für systemgefährdende Finanzgeschäfte gilt, die lediglich der persönlichen Bereicherung dienen und der Wirtschaft schwersten Schaden zufügen. Für die aus Derivaten, strukturierten Produkten und Hedgefonds erwachsenden Verpflichtungen müssen deshalb die Hauptverantwortlichen persönlich haften. Bei den Banken gilt dies für die

Verwaltungsräte und Mitglieder der Geschäftsleitung, wenn mit solchen Finanzinstrumenten operiert oder Kredite dafür gewährt werden. Ebenso bei institutionellen Anlegern wie Versicherungsgesellschaften oder Pensionskassen, wenn mit dem Kapital, das der Erfüllung ihrer Verpflichtungen dient, spekuliert wird. Desgleichen müssen bei den übrigen Finanzgesellschaften sowie den Fonds die Mitglieder der Verwaltung und der operativen Leitung in die Pflicht genommen werden, wenn diese ihren Verpflichtungen aus hochriskanten Finanzgeschäften nicht mehr nachkommen können.

Auf diese Weise dürfte sich weiteres Unheil durch verantwortungsloses Spekulieren am einfachsten und mit geringstem Aufwand verhindern lassen. Zudem kann sich die Regulierung weitgehend auf einheitliche Eigenmittel- und Liquiditätsvorschriften beschränken. Ferner können so von den Führungskräften nicht mehr für große Spekulationsgewinne hohe Boni bezogen werden, während die ausführenden Mitarbeiter, die unter starkem Erfolgsdruck stehen, wegen der Verluste ins Gefängnis wandern. Die Schuld liegt dann immer bei ihnen. Sie haben sich angeblich nicht an die Vorschriften gehalten. Nur wenn sich auch die Verantwortlichen auf höchster Unternehmungsstufe bewusst sein müssen, dass untragbare Verluste aus dubiosen Finanzgeschäften ihren eigenen finanziellen Ruin bedeuten können, dürfte ihnen die Lust am Wildern im Finanzsystem vergehen. Nur mit der persönlichen Haftung lassen sich auch die Schattenbanken wirksam in die Bekämpfung des Geschäfts mit den wirtschaftlich nicht zu verantwortenden Finanzinstrumenten einbeziehen. Sonst besteht die Gefahr, dass sich dieses noch mehr zu ihnen verlagert. Durch die Beschränkungen, die für institutionelle Finanzintermediäre gelten, werden sie heute schon begünstigt.

Persönliche Haftung nichts Neues

Dass man auch mit der persönlichen Haftung erfolgreich im Finanzgeschäft tätig sein kann, beweisen in der Schweiz die traditionellen Genfer Privatbanken. Sie haben die Krise weitgehend schadlos überstanden und können zu Recht darauf hinweisen, dass für sie eine strengere Regulierung nicht erforderlich ist. Ferner waren die Brokerfirmen in Amerika und England früher ebenfalls Private Partnerships mit persönlicher Haftung.

Schließlich sollte man, wenn von einem vermeintlichen Nutzen der Spekulation die Rede ist, bedenken, dass die Wirtschaft in den Industrieländern in den ersten 40 Jahren nach dem Zweiten Weltkrieg einen nie dagewesenen Aufschwung genommen hat und in den folgenden Jahrzehnten mit der Liberalisierung in der Finanzwirtschaft in die schlimmste Krise gestürzt ist. Deren Nachwehen sind immer noch deutlich zu spüren. Nie zuvor wurde der Wirtschaft weltweit ein größerer Schaden zugefügt. Es handelt sich um die schlimmste Verfehlung in der freien Wirtschaft. Nichtsdestotrotz kamen praktisch alle zuoberst in der Verantwortung stehenden Akteure weitgehend ungeschoren davon.

Wenn man es mit der Eigenverantwortung in der Wirtschaft ernst meint, kommt für die missbräuchlichen und mit einem soliden Finanzsystem völlig unvereinbaren Finanzgeschäfte nur die persönliche Haftung in Frage. Als Alternative verbliebe nur ein Verbot der Spekulation mit derivativen Finanzinstrumenten, wenn man nicht will, dass die Wirtschaft auf dem Pfad der Selbstzerstörung weiter voranschreitet. Was mit hohen, nicht tragbaren Systemrisiken verbunden ist, darf nicht sakrosankt sein. In einem Finanzsystem, das zu 100 Prozent auf Vertrauen beruht, ist kein Platz für unverantwortliche Finanzabenteuer.

Der Autor

Der Autor Walter Beckmann wurde 1932 in
Hamburg geboren und ist als Sohn Schweizer
Rückwanderer in der Schweiz aufgewachsen. Sein
Interesse für volkswirtschaftliche Probleme bewog
ihn nach der Matura zum Studium der National-
ökonomie an der seinerzeitigen Handelshochschule
und heutigen Universität St. Gallen, wo er mit dem
Handelslehrer-Diplom abschloss. Beruflich aktiv
wurde er zunächst als Handelslehrer, später als
Buchhaltungschef in einem Handels- und in einem
Industrieunternehmen. Die letzten 23 Jahre seiner
beruflichen Tätigkeit war er entsprechend seinem
Hauptinteressensgebiet als volkswirtschaftlicher
Mitarbeiter in einer Großbank tätig.

Der Verlag

Wer aufhört besser zu werden, hat aufgehört gut zu sein!

Basierend auf diesem Motto ist es dem novum Verlag ein Anliegen neue Manuskripte aufzuspüren, zu veröffentlichen und deren Autoren langfristig zu fördern. Mittlerweile gilt der 1997 gegründete und mehrfach prämierte Verlag als Spezialist für Neuautoren in Deutschland, Österreich und der Schweiz.

Für jedes neue Manuskript wird innerhalb weniger Wochen eine kostenfreie, unverbindliche Lektorats-Prüfung erstellt.

Weitere Informationen zum Verlag und seinen Büchern finden Sie im Internet unter:

www.novumverlag.com